林中的不速之客

赵莉蔺　李天达　编著

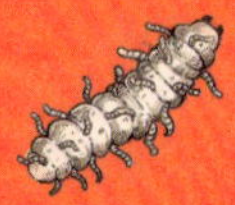

浙江教育出版社·杭州

编写人员

赵莉蔺　李天达

史朋飞　单少杰　宁　静　陈　昊

石　娟　理永霞

序

当前，全球正面临第六次生物大灭绝，许多珍稀生物濒临灭绝，生物多样性经受考验。与此同时，一些外来入侵生物却异军突起，悄无声息地破坏各类生态系统，严重威胁着国家的生物安全、生态安全以及国际贸易。我国的生物入侵问题十分严重。目前，我国每年新增 4 至 6 种入侵物种，21 世纪以来已累计新增 110 种，且这一增长趋势尚未停止，未来形势可能会更加严峻。

从崇山峻岭到广袤沙漠，从碧波湖泊到肥沃农田，每一类生态系统都不可避免地面临着入侵物种的挑战。这些生物之所以能够在新环境中生存并暴发，通常归因于它们强大的适应能力和生存策略。它们具有高繁殖率、强竞争力、广适应性和快速扩散能力。

阅读这本书，不仅能帮助我们了解入侵生物，还能让我们养成从小事做起，从自我做起，共同守护我们赖以生存的地球家园的好习惯。

中国农业科学院农业基因组研究所　研究员

前　言

森林是地球的肺、陆地生态系统的主体，在维持地球生态平衡、碳循环和生物多样性等方面发挥着重要功能，但是重大林业入侵生物对世界范围内的森林生态系统造成了巨大威胁。科研人员研究发现，外来入侵生物之所以毁坏原有生态系统，是因为它们具有超强的生存能力，且在新环境中缺少天敌。

在面对一个受到伤害的森林生态系统时，我们如何探索成因？如何进行应对？本书将带领读者一起探索、寻找答案！阅读本书，不仅能够深入了解入侵生物强大的生存策略，更能培养科学探索精神，增强热爱生命、尊重自然的意识。

在森林生态系统中各个物种都扮演着特定的角色。本书介绍一些植物、动物的适应性进化及其在生态系统中的功能，涉及生物学中的许多知识点。本书帮助大家学习用辩证的观点看问题，增强对森林生态系统的认知，理解人与自然和谐共处的重要性。

中国科学院动物研究所　研究员

目 录

松树癌症元凶

松材线虫

阿杰博士！这片松林可真漂亮，居然是红色的！
松树在正常情况不会变红，因高温干旱枯死的松树也不会呈现这种红色，应该是生病了吧！我们一起走近看看吧！

缺水枯死松树：松针整体呈黄色
得病的松树：松针从尖端开始变成橘红色

松墨天牛携带松材线虫

松墨天牛一旦携带松材线虫，羽化的成虫体型比原来要大，呼吸也加重。松墨天牛飞行取食松树嫩枝的时候，松材线虫能感受到松墨天牛呼吸产生的 CO_2 浓度变高，产生趋避行为，头部转向松墨天牛的气孔，浩浩荡荡进入松墨天牛取食松树造成的伤口。

博士，前方发现一堆锯末，里面发出咔嚓咔嚓的声音，好像锯木头的声响。还有在啃食松树的白白胖胖的家伙！它应该是凶手吧！
嗯嗯，松墨天牛是昆虫界著名的木材建筑师。口器很锋利，能在松树木质部蛀洞，而且其“家”的位置要高于蛀孔，避免下雨淋湿。它聪明吧？
松材线虫
蛹
天牛妈妈产卵
幼虫

成虫
寻找下一颗树
松材线虫溢出
那凶手应该是隐藏在天牛气管内部的松材线虫。它是我国林业唯一的一级外来入侵生物。媒介昆虫是它们转移寄主的唯一方式。

营养不足
媒介生物
卵
二龄幼虫
扩散型三龄幼虫
扩散型四龄幼虫
繁殖型三龄幼虫
繁殖型四龄幼虫
营养充足
成虫
卵
那它们的家为啥都统一是深蓝色墙壁呢？还湿湿软软的，摸着好舒服。
这是松墨天牛培植的蓝变真菌。蓝变真菌会把松树变得更松软，口感更佳，是松材线虫都喜欢的美味呢。

成虫
卵
进入天牛气管
难怪扩散型线虫体表光滑！它非常干净，且没有口针，原来是为“登机”做准备，洗澡、换衣服不说，连嘴都封上了啊！
总的来说，线虫身上如果携带各种微生物、分泌蛋白就会被禁止进入天牛气管，从而避免损害天牛健康。

知识窗

进化过程中，一些线虫改变了低效的自由扩散方式，拥有了搭乘媒介昆虫进行扩散的能力。当寄主松树营养充分时，松材线虫进入繁殖周期，生活在树脂道中大量繁殖，主要任务是生儿育女；随着寄主松树死亡，便进入扩散阶段，这可是“超人”休眠状态哦！松材线虫在不吃不喝的情况下都能活好几个月呢！松材线虫通过蜕皮变得体表光滑不带菌、口针消失、嘴巴密封，使其得以躲过松墨天牛免疫安检系统。重要的是，并非所有松墨天牛都携带大量的松材线虫，因为如果松墨天牛免疫能力提前提高的话，松材线虫就进不去了。

松材线虫进入松墨天牛气管后，才亮出外泌体武器使松墨天牛气管壁弹力逐渐变大，空间也宽松了很多，“硬板凳”也变成了“商务座”，迎来了一批新的松材线虫伙伴，群体迁徙的旅程变得舒适起来。

贸易往来
松
线
原产北美洲

入侵亚洲

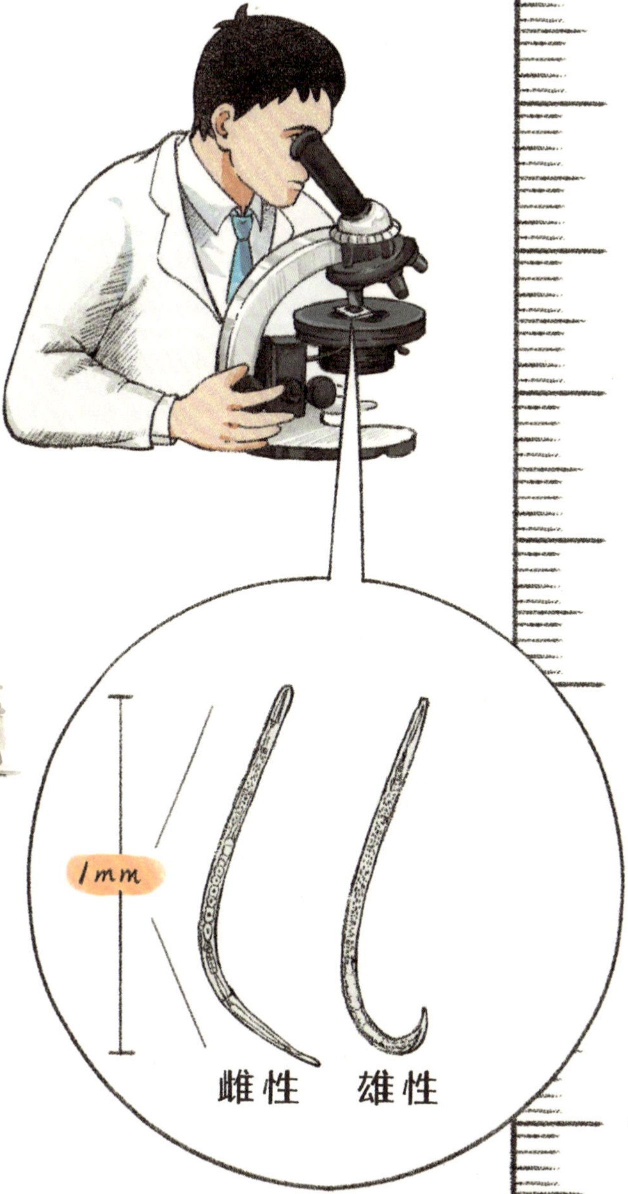
1mm
雌性
雄性

中国南京
1982年

知识窗

松材线虫是线虫动物门家族成员。它们个体细小，体长约1mm，只有通过显微镜才能看清它们的“真身”。

（我们通过显微镜分析和DNA鉴定技术，可以准确判断松树是否被松材线虫侵害）

第一阶段

松材线虫进入松墨天牛取食松树的伤口，刚侵染松树时，会产生一些酶，如纤维素酶，这种酶能够破坏松树细胞的结构，使得松树无法正常运输水分和养分。

水少
细胞壁孔洞
有毒物质
松树正常的细胞
纤维素酶、糖基水解酶、果胶裂解酶、扩展蛋白等
被纤维素酶破坏的松树细胞
水分受阻
水多
天啊，博士，树脂道内部浑浊粘腻，但是松材线虫如鱼得水，游泳自如。
其他线虫一碰松脂就皱缩死亡，但这可是松材线虫的地盘，它们很喜欢在这里玩耍！松材线虫引发的松树死亡其实是一个复杂的过程。

第二阶段

当松树受到攻击时，为了防止病害的进一步扩散，松树会在受损部位形成空洞。这些空洞虽然有助于隔离病害，但也削弱了松树结构的稳定性。

水少
空洞
中毒的植物
纤维细胞
水分子
被推开
萜烯类物质
水多
松树抵抗
力变弱

第三阶段

松材线虫向松树体内释放苯甲酸、苯乙酸等毒素。这些毒素可以直接损害松树的细胞，或者干扰松树的正常生理功能，最终导致松树无法生存。

松材线虫
真狡猾，我们
怎样才能科
学防控？
传统方法要
属物理防治和化
学防治了！
喷雾消杀

物理防治

及时砍伐、处理掉生病的松树。

化学防治

通过喷雾消杀或打孔注药，给松树施加有用的药剂。

打孔注药

进入诱捕器空洞
掉落底部
飞向诱捕器
诱捕器
天牛闻到气味
那有没有什么一举多得的好方法呢？
随着研究的深入和科学技术的发展，人们想出了很多防治松材线虫的方法。目前科学家正在尝试结合生物防治手段的综合防治方法。

别看植物一动不动，它们一直在聪明地暗暗努力呢！它感受到威胁时，会通过招募内生细菌群落提升免疫力。寄主松树及媒介天牛的免疫力提升，会阻挡松材线虫大量繁殖和扩散。因此，研发微生态调控技术，通过补充植物内生细菌群落，可以打破松材线虫—松墨天牛—蓝变菌共生入侵体系。

花绒寄甲幼虫在天牛幼虫体内寄生
天牛产卵
天牛幼虫
花绒寄甲幼虫
花绒寄甲产卵
微生物被洒在空气中
微生物
松材线虫

阿杰博士，线虫的世界太神奇了！它们小小的身体却有着大大的危害。我们该如何在第一时间发现它们的行踪呢？
我们现在最常用的当属无人机智能监测预警系统，别看它小，它装备了先进的摄像头来实时收集松林图像。一旦发现松针变橘红，感病松树监测系统就会立即报警，我们的林业部门也会第一时间出动，及时采取措施！当然啦，如果我们在生活中看到生病松树，也可以第一时间上报林业部门！
喂，您好！是林业局吗？……

林业局
松林科普馆
万物生长

松材线虫——不可忽视的松树杀手。

树叶收割机

美国白蛾

阿杰博士，这些树光秃秃的，这里发生火灾了吗？
这些树皮没有被烧焦，应该没有发生火灾。我们走近看看吧！

阿杰博士，
树枝上发现
神秘蜘蛛网！
蜘蛛虽然
爱织网，但是一般
独居，结这么大而
密的网，还包住
了叶子，应该是
秋幕毛虫结
的“网幕”！

秋幕毛虫，又叫美国白蛾。虽然名字里只有美国，但加拿大和墨西哥也是它的老家。

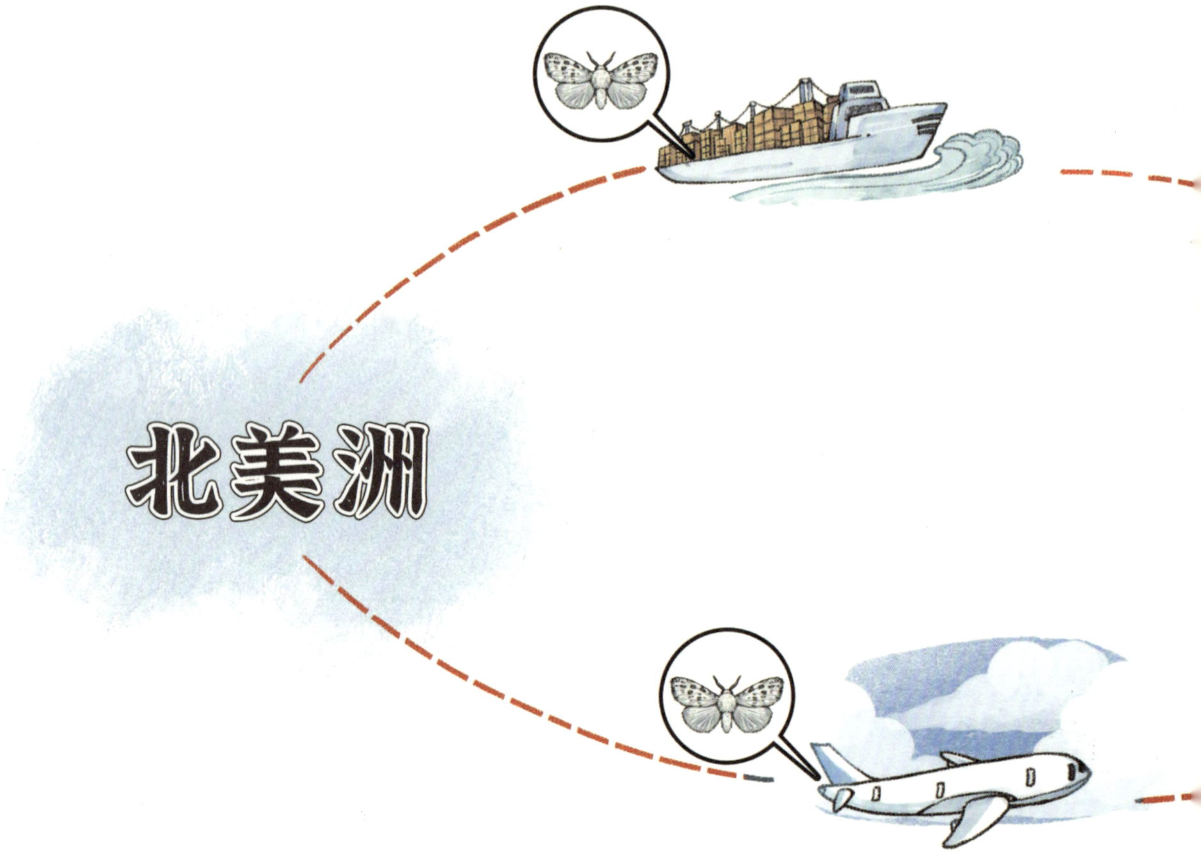
北美洲

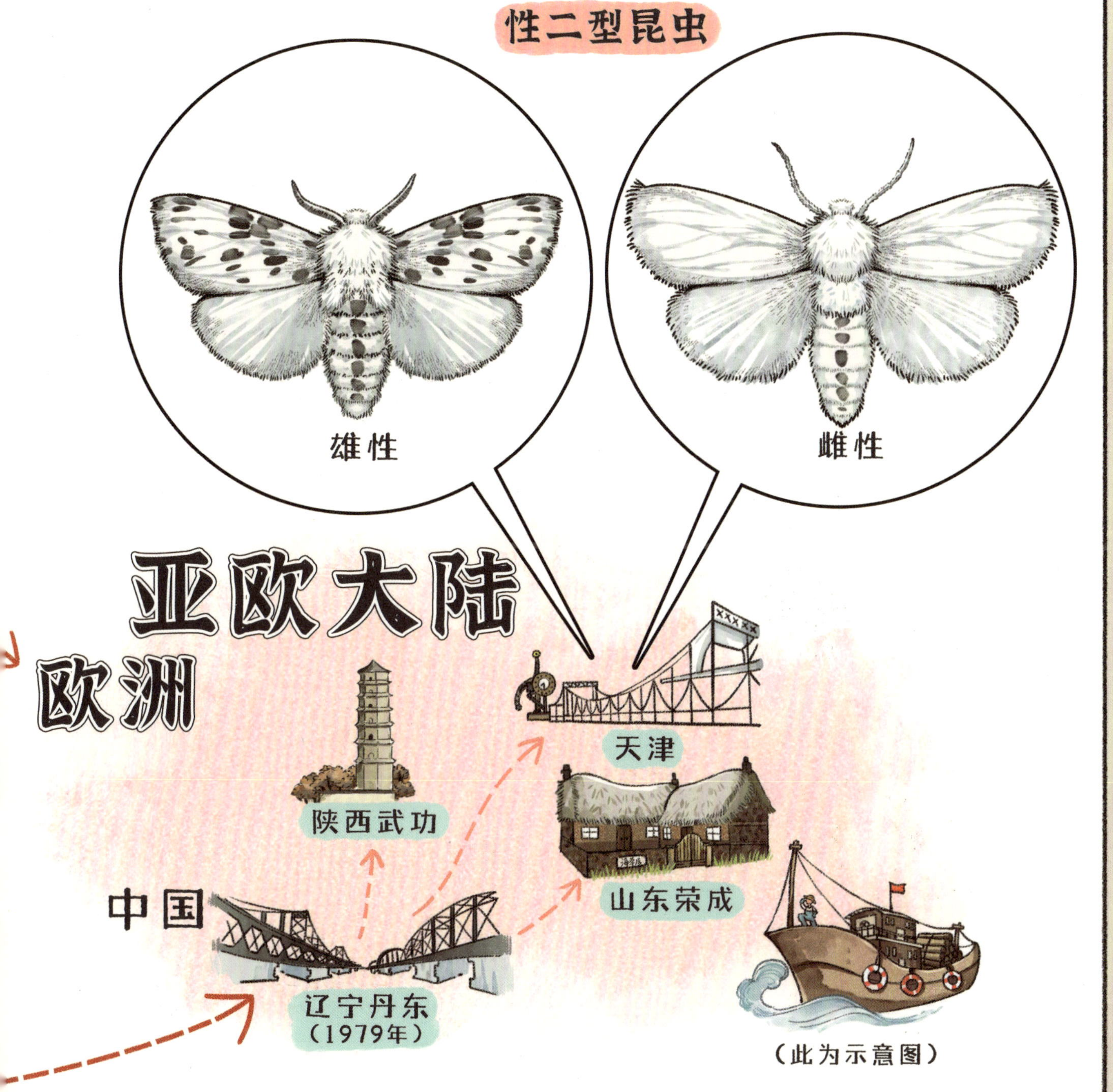
性二型昆虫
雄性
雌性
亚欧大陆
欧洲
中国
天津
陕西武功
山东荣成
辽宁丹东
（1979年）
（此为示意图）

1—2龄幼虫
3—4龄幼虫
卵
刚刚看到好多种树都有点秃，听说都是因为美国白蛾。它们还爱吃什么？
它的寄主植物种类可多了！
桑树园
果园

5–7龄幼虫

美国白蛾的寄主范围广泛，幼虫能取食400多种植物，到处爬行，甚至进入居民家中。它可随人类活动和运载工具传播，对我国林业、园林绿化和人们的生活产生了巨大影响。

法国梧桐
垂柳

非凡产卵力:密集型产卵，一次可产约 900 枚圆球形卵。一年就能繁殖 2—3 代。据研究一只雌蛾一年能繁殖几十万只后代。

温暖襁褓:美国白蛾幼虫（1—4 龄）通过体表长绒毛来保护自己。同时，网幕襁褓不仅内有美食，还是吸收热量的温室，可以让幼虫发育更快。五龄幼虫破网而出进入暴食期，几天内就能将整棵树叶片吃光。

卵
叶子背面
阿杰博士，美国白蛾为什么会造成这么大的危害？
美国白蛾可是虫界的“树叶收割机”，它的每一个基因、每一个细胞都在为它成为“吃货”的梦想而努力！

网幕
蛹
幼虫
成虫

超强"消化"能力:美国白蛾嘴里味觉感受基因数量比其他蛾类多，所以能吃特别多的叶片种类！它身体里糖代谢基因也多，能消化不同寄主植物，是天选“大吃货”！

得力肠道帮手:美国白蛾体内的肠道微生物也非等闲之辈，能帮助它们消化陌生食物，近期入侵到长江以南的美国白蛾，毫无障碍地适应了水杉、池杉、落羽杉等新寄主。

灵敏嗅觉定位:美国白蛾的雄蛾触角是羽毛状的，嗅觉非常灵敏，能快速定位雌蛾。

人工驱赶
最简单的防控方法就是把相应的树枝剪去。
难道我们真的对它们束手无策了吗？
围绕美国白蛾的特殊生活习性，我们能找到很多防控方法。我们只要把能够散发它很喜欢的味道的诱捕剂装到诱捕器里，它就会自己飞过来啦。

灯光诱杀防治
美国白蛾的成虫有趋光性，所以在漆黑的夜晚挂上一盏灯，并在灯下布设陷阱，就可以等它们自投罗网了！

美国白蛾蛹
美国白蛾幼虫

围草诱蛹

美国白蛾喜欢在树干的缝隙里化蛹。所以，每年的六月中旬、七月上旬和九月下旬，人们用长 40cm 以上、厚约 5cm 的稻草将树干上松下紧地捆起来，美国白蛾的幼虫会在稻草中化蛹。化蛹期一过，人们就会烧掉这些稻草。

化学防治

用高压喷雾机向美国白蛾幼虫织的网幕中喷洒溴氰菊酯等杀虫剂，可以将躲在网幕中的美国白蛾一网打尽。

白蛾孤独长绒茧蜂
白蛾聚集茧蜂
白蛾周氏啮小蜂
舞毒蛾黑瘤姬蜂
白蛾周氏啮小蜂
白蛾蛹
茧
白蛾周氏啮小蜂在白蛾蛹上产卵
白蛾周氏啮小蜂从白蛾蛹身体内钻出
美国白蛾这么嚣张，自然界有没有它们的天敌啊？
自然界有些寄生蜂和微生物堪称美国白蛾的“猎手”。科学家们也在想办法，用遗传改造的手段，改造现有的天敌、致病菌和病毒，使它们变得更厉害，专一性更强！

有些微生物会使美国白蛾致病、致死，苏云金芽孢杆菌、球孢白僵菌、美国白蛾核型多角体病毒等对美国白蛾都有较强的致病性。

苏云金芽孢杆菌
球孢白僵菌
美国白蛾核型多角体病菌

知识窗

寄生蜂是一类不产蜜、爱吃肉的蜂，它们可以把卵产在其他昆虫的体内，幼虫孵化后就会以这些昆虫为食。

山上树木
喂，是林业局吗？
喂，是林业局吗？
法国梧桐
喂，是林业局吗？
公园垂柳

知识窗

1. 美国白蛾喜爱在房屋窗台屋檐下、房前屋后砖石瓦块下、地面枯枝落叶等温暖潮湿的地方化蛹越冬。

2.2020 年，西安市为鼓励广大市民积极参与美国白蛾防控工作，西安高新区美国白蛾防控工作领导小组办公室对第一时间发现并报告成虫、卵块或网幕点的群众给予奖励。

喂，是林业局吗？
葡萄园
道路两旁树木
喂，是林业局吗？

美国白蛾——不挑食，无绝境！

天使面孔　　异域妖姬

马缨丹

马缨丹
美人计
杜鹃
哇，博士你看！好漂亮的花呀！
你可不要被它的外表蒙骗了，它可是著名的入侵生物——马缨丹。

马缨丹散发出有毒
物质正侵害其他灌木
杜鹃
假连翘
假连翘
假连翘
杜鹃
杜鹃
鸟类排便传播
养分在哪里？
马缨丹夺走了小花小草们的土壤养分

原产地——美洲

哇，好漂亮！

马缨丹，名字还挺好听的，那它是从哪儿来的呢？
它的老家在美洲，当时人们就是被它的美貌骗了，将它当作观赏花卉请进国门的。

入侵地——亚欧大陆

荷兰
日月潭
中国台湾

叶子表面
小刚毛
揉烂
有臭味
四棱形
短柔毛
刺
卵形或卵圆形
叶对生

马缨丹的花期很长，可以从四月中下旬持续到次年二月，因此它可以结出很多种子。

可它只是一棵小草，怎么会扩散到这么多地方呢？
你别看它个头不大，它的生存、繁殖能力是非常强的！
春
四月下旬
夏
秋
冬
二月
马缨丹丛

动物吃下马缨丹的果实后，种子便会随着动物的移动，传播到其他地方。有些鸟甚至会把它们的种子带到几千米远的地方。

知识窗

马缨丹的抗旱能力很强，而且它对水和阳光的利用率非常高，这使得它在干旱、阳光不充足的地方也能生长。

树荫下
其他灌木逐渐枯萎
假连翘
马缨丹丛
杜鹃
马缨丹依旧茂盛

其他灌木
逐渐枯萎
马缨丹
依旧茂盛

干旱地

匍匐根茎
生根并重新长
出新的一株

地底下

马缨丹的种子发芽率极高，同时它的茎也具有很强的繁殖能力，所以可以通过匍匐茎繁殖。

知识窗

化感作用又称他感作用、异株克生，是一种植物通过向体外释放化学物质来影响其他植物生长的过程，是物种生存斗争的一种特殊形式。这种作用在物种内和物种间都存在。

它这样多吃多占，其他的小花、小草还怎么活啊？
不止这些，它还会通过化感作用扩张自己的地盘呢！
马缨丹

难受
眩晕
其他灌木
枯萎
土壤中的化学物质被
其他植物的根茎吸收
乏力
枯萎
挥
发
小花小草
内化学物质
根系分泌

那该怎么做才能保护其他植物呀？
传统的物理方法和化学方法，都能起到一定作用。
马缨丹

其他灌木
枯萎
假连翘
小花小草
枯萎
枯萎
马缨丹
小花小草
杜鹃

那有没有既能清除马缨丹又不影响其他植物的方法呢？
当然有啦！自然界有很多昆虫、微生物都可以充当“清理工”呢！

网蝽的幼虫和成虫可以吸食马缨丹植株的汁液。

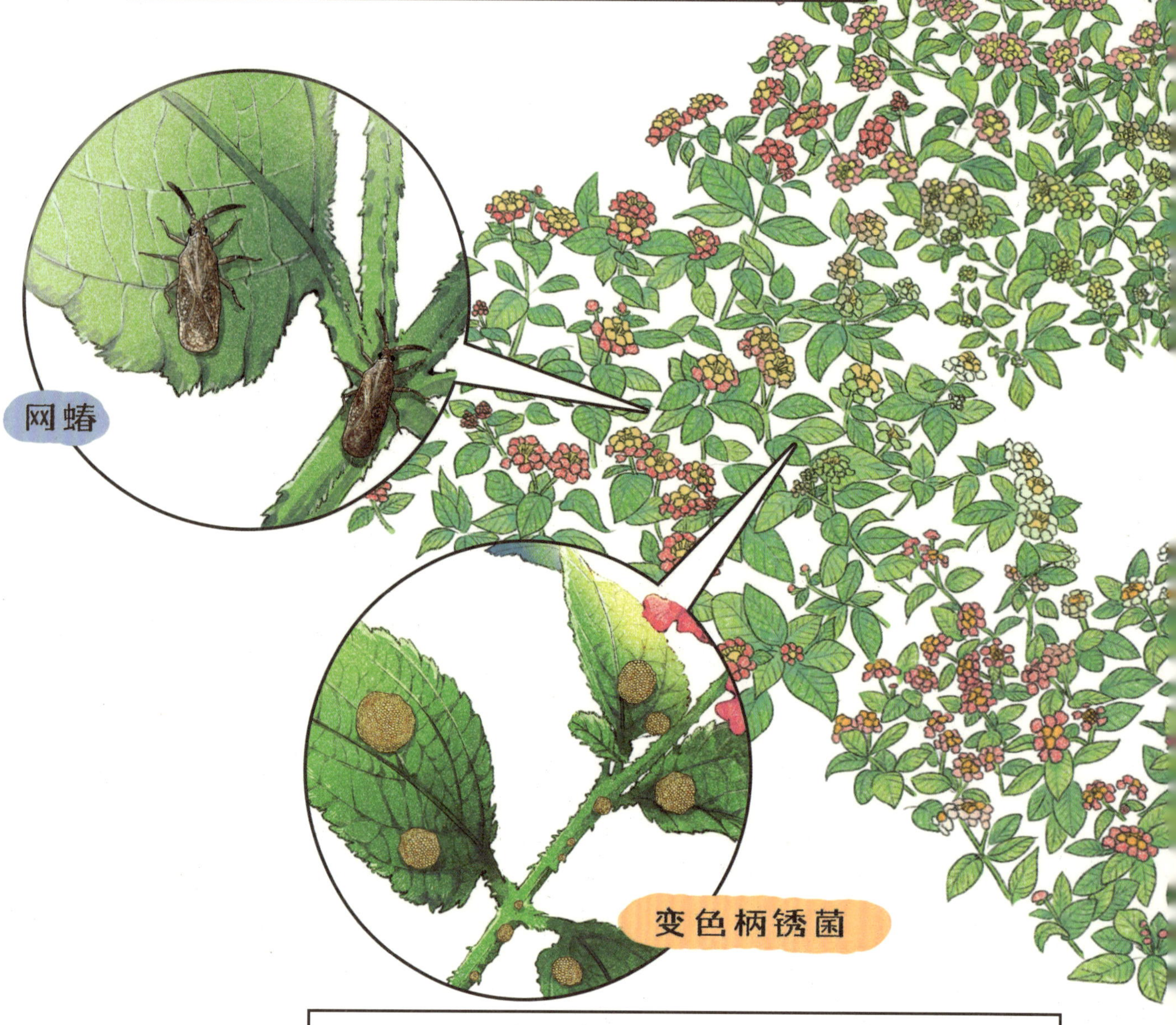
网蝽
变色柄锈菌

变色柄锈菌会侵袭马缨丹的叶片和茎，抑制马缨丹生长。

缨翅目的蓟马和鞘翅目的金梳龟甲等昆虫可以吃马缨丹的叶片，使马缨丹的叶片无法正常生长，从而抑制马缨丹的扩散。

蓟马
金梳龟甲

菜地
小菜蛾飞走
美国斑潜蝇捂鼻子
其实事物都有两面性，马缨丹也不例外。它除了有害的一面，还有值得我们利用和研究的一面呢！
希望这些坏家伙能尽早被消灭。
红火蚁搬家

马缨丹的提取物可以驱赶农业害虫，防止它们在农田（菜地）定居、产卵，阻止它们咬食农作物。

马缨丹对镉有很强的耐受性和富集作用，如果一个地方的土壤被镉污染了，我们就可以种一些马缨丹，利用它将土壤中的镉吸收、富集起来，达到改善土壤质量的目的。

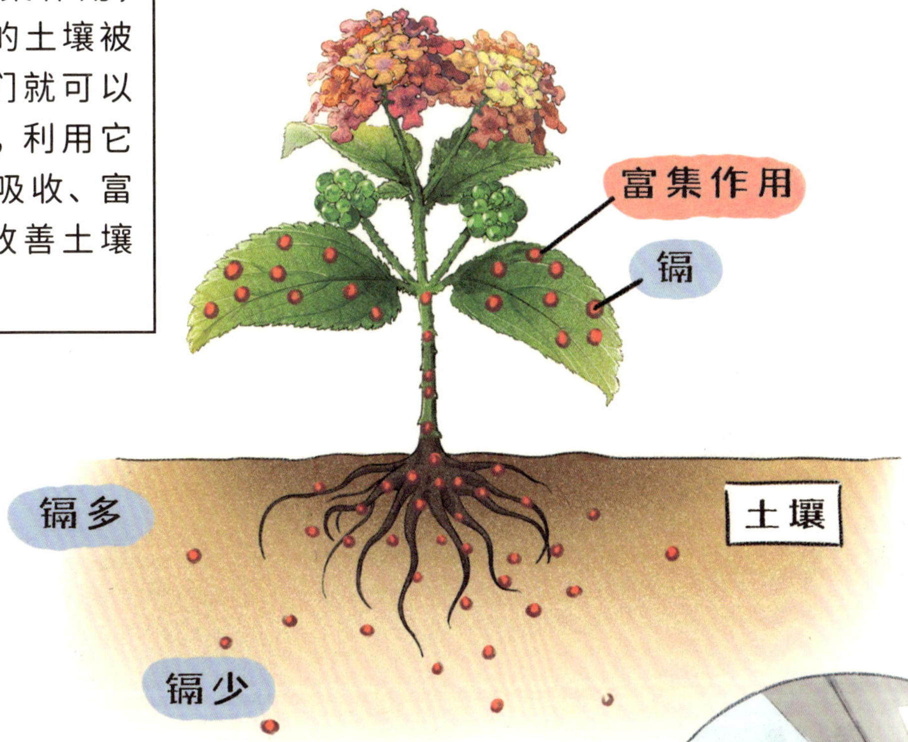
富集作用
镉
镉多
土壤
镉少

制药厂
实验室

马缨丹的提取物可以入药，用来治疗人类的多种疾病。

那面对马缨丹，我们普通人能做些什么呢？
作为普通人，我们能做的事情还是很多的。如不自主购买马缨丹，如果已经购买或种植了马缨丹，要对其严加看管或将其铲除，避免其趁人不备，“溜”到野外。
花鸟市场
修剪的枝条不要随意丢弃

出售马缨丹
拒绝购买
科普马缨丹
的入侵危害
清理马缨丹
掉落的种子

马缨丹——物竞天择，物尽其用。

甜美杀手

苹果蠹蛾

博士快看！前面有一片苹果树，树上结了好多苹果呢！咱们去和园主说说，摘两个尝尝吧！
哈哈哈，石头，你这个小馋猫！
苹果园

呀！这苹果里有好大一只虫子！
这是对苹果危害非常大的入侵生物——苹果蠹蛾的幼虫。

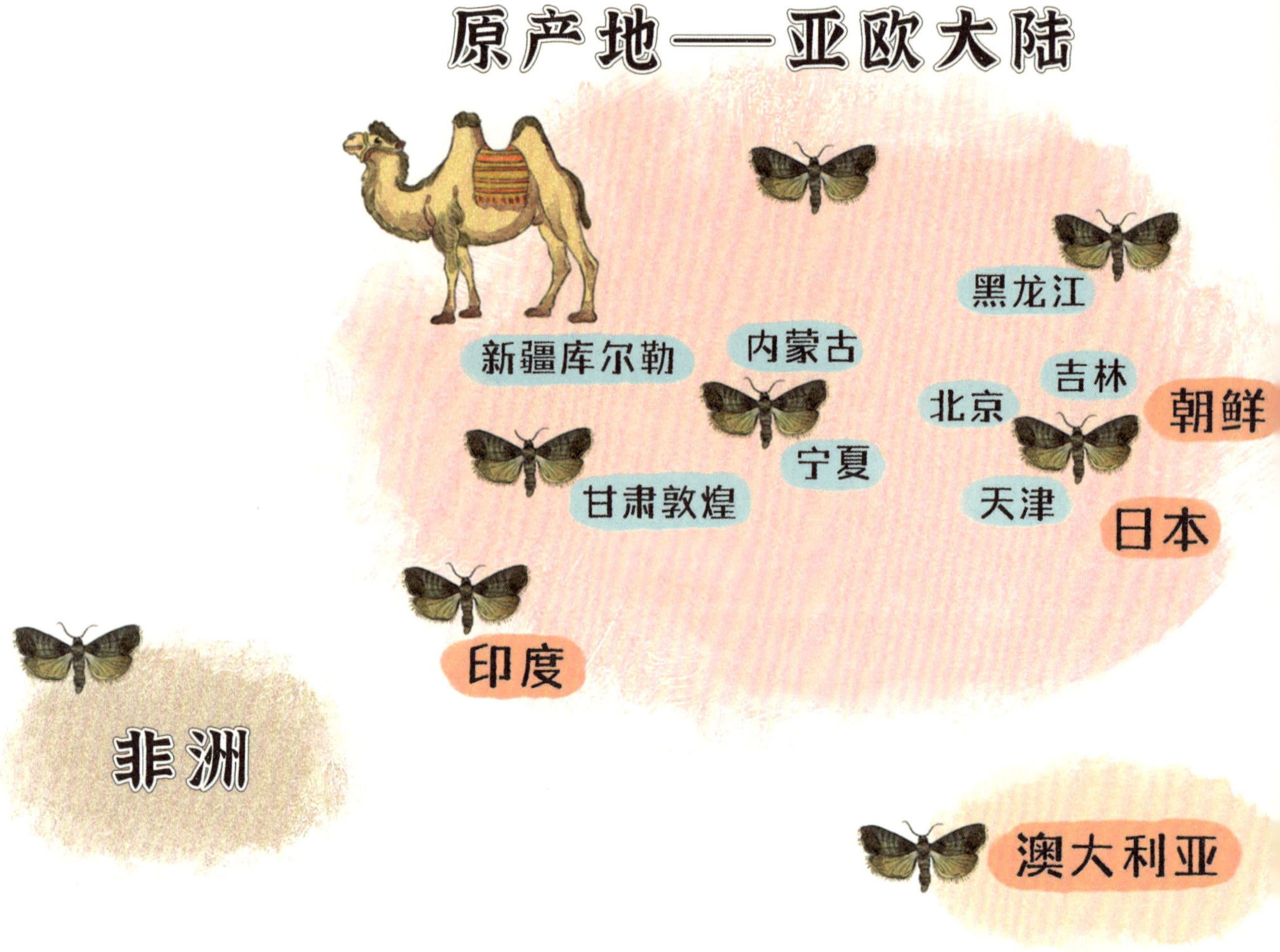
原产地——亚欧大陆
黑龙江
新疆库尔勒
内蒙古
吉林
北京
朝鲜
宁夏
甘肃敦煌
天津
日本
印度
非洲
澳大利亚

现已入侵世界70多个国家几乎所有的苹果产地。

加拿大
美国
墨西哥
那它不会是跟着我最喜欢的苹果偷渡到世界各地的吧？
你猜对了！

迅速发现健康苹果
从果实的两头（萼洼或梗洼）进入
吃出“三室一厅
这只虫子是怎么钻到苹果里的啊？我选的这个苹果又大又红，表皮光滑平整，并没有发现虫眼啊。
苹果蠹蛾可比我们想象得聪明多了，它有自己专属的“秘密通道”。

危害新苹果
吃掉种子
苹果
枯萎
脱落

知识窗

苹果蠹蛾身体中的细胞能够通过表达一个特别的基因，使它们产生新气味，就像是在它们的香水工厂里加入新配方。不仅如此，它们还拥有许多的气味接收器，这意味着它们的嗅觉比大多数生物都要灵敏，能够捕捉到更细微的香气差异，迅速定位寄主。

苹果蠹蛾的卵
苹果蠹蛾成虫
雌性
雄性
苹果蠹蛾……蛾……难道它和美国白蛾是亲戚？
算是远房表亲吧，美国白蛾是鳞翅目灯蛾科的，而苹果蠹蛾是鳞翅目卷蛾科的。

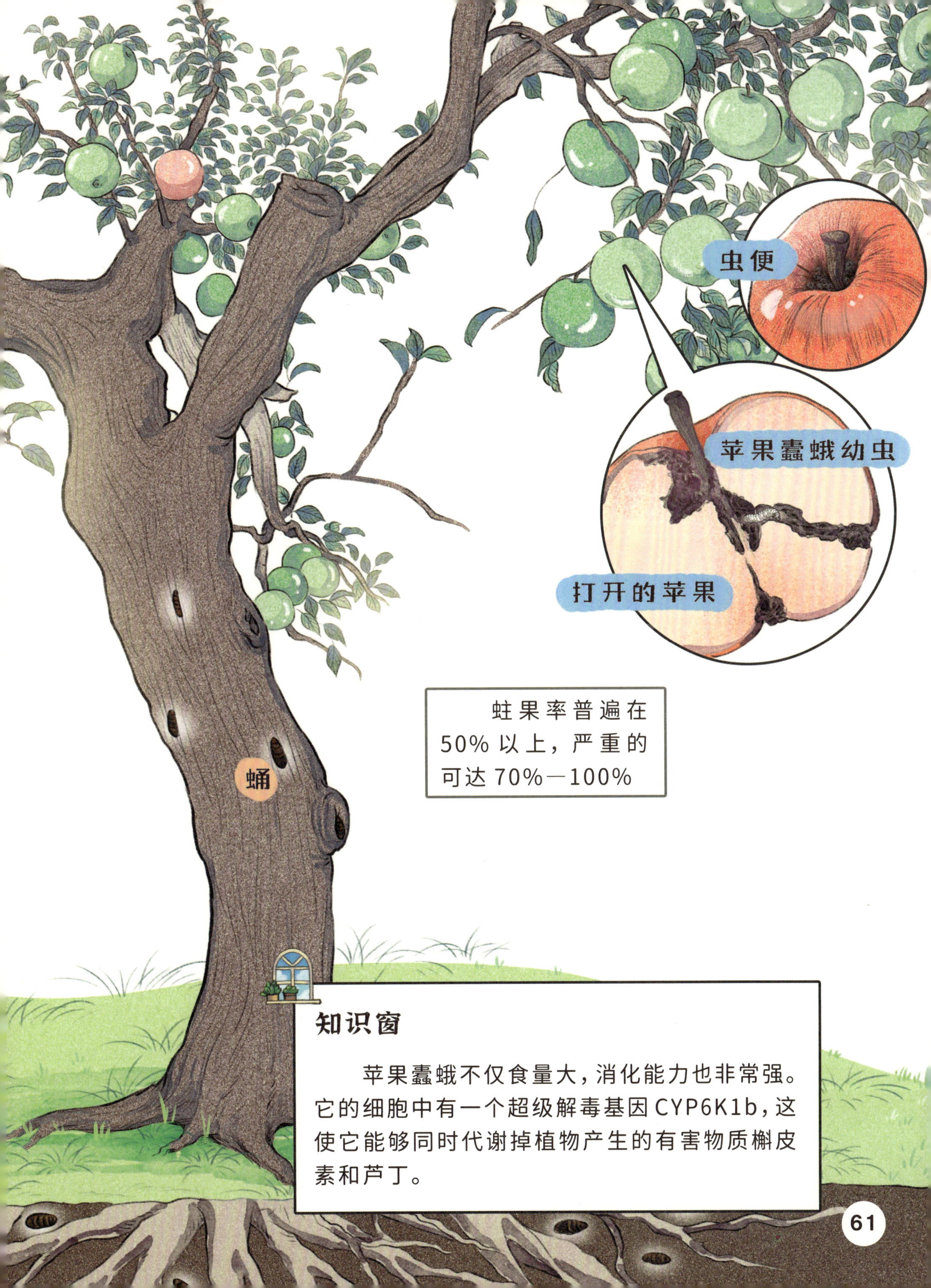

虫便
苹果蠹蛾幼虫
打开的苹果
蛹

蛀果率普遍在50%以上，严重的可达70%—100%

知识窗

苹果蠹蛾不仅食量大，消化能力也非常强。它的细胞中有一个超级解毒基因CYP6K1b，这使它能够同时代谢掉植物产生的有害物质槲皮素和芦丁。

化学防治
苹果蠹蛾对氯氰菊酯、乐斯本、灭幼脲3号、甲维盐等化学物质都很敏感。
它这么狡猾，繁殖力又强，我们该怎样消灭它呢？
针对苹果蠹蛾，我们有很多消灭它们的方法。
性诱法
在粘虫板旁边放置装有人工合成性信息素的装置，使它们自投罗网。
杀虫灯诱杀法
利用它们夜间趋光的特性，在树的高处悬挂杀虫灯和粘板。

粘虫胶粘杀法

苹果蠹蛾的幼虫化蛹前碰到树下的粘虫胶，便无处可逃了。

秋天布置
开春前拆除

围草诱捕法

在树干上缠绕保暖的棉布和稻草，吸引它们在上面化蛹过冬，待开春前拆除。

当然有啊！
自然界的一些
寄生蜂和病毒
堪称消灭苹果
蠹蛾的
高手。
那在生物界，
有没有一些让苹
果蠹蛾闻风丧胆
的生物？
白蛾周氏啮小蜂在苹
果蠹蛾的蛹中产卵
白蛾周氏啮小蜂会把卵产在苹果蠹蛾的
蛹中，等不到蛹羽化就被消灭了。

赤眼蜂把卵产在苹果蠹蛾成虫的体内，卵孵化的幼虫以苹果蠹蛾的卵为食，将苹果蠹蛾消灭在襁褓中。

赤眼蜂在苹果蠹蛾成虫的腹部产卵
苹果蠹蛾幼虫中毒后死了
苹果蠹蛾颗粒体病毒
V
OB

苹果蠹蛾颗粒体病毒可以高效、专一地消灭苹果蠹蛾。

闯岗自负
3.4m
10
绿灯亮时准许通行
不要为了一些利益将危险生物带到其他地方，这可能会给其他地区，甚至全国造成更大的危害。
车上的苹果中发现了苹果蠹蛾，必须立即销毁。
啊，这下亏大了！

绿通车辆核验
绿通检测站
我们普通人能做的就是不要把藏有苹果蠹蛾的果实带到其他地方。
原来只要做出简单的行动，就能保护甜美的果实！

苹果蠹蛾——潜伏的高手。

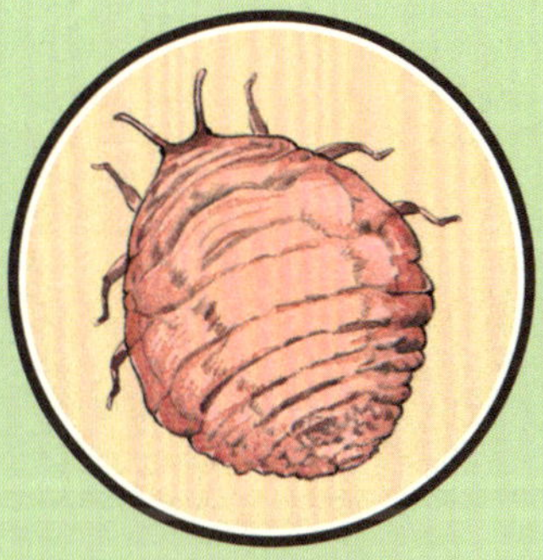

Q版伪装者

湿地松粉蚧

知识窗

湿地松粉蚧又名火炬松粉蚧，原产美国，主要危害火炬松、湿地松、长叶松、裂果沙松、萌芽松、矮松、马尾松、加勒比松等松属植物。

哇！好大一片松林啊！阿杰博士你说小松鼠有没有在这里安家？
石头，我们可以进去找找看。

这是对松树危害非常大的一种入侵生物，名字叫湿地松粉蚧。
咦？博士你快来看，这几棵松树的松针底部长了好多白色的小球。

二龄若虫
一龄若虫
卵
粉蚧？为什么叫粉蚧呢，松树上明明是白色的呀？
这些白色物质是它用来隐藏和保护自己的道具，你可以借助放大镜再看一下。

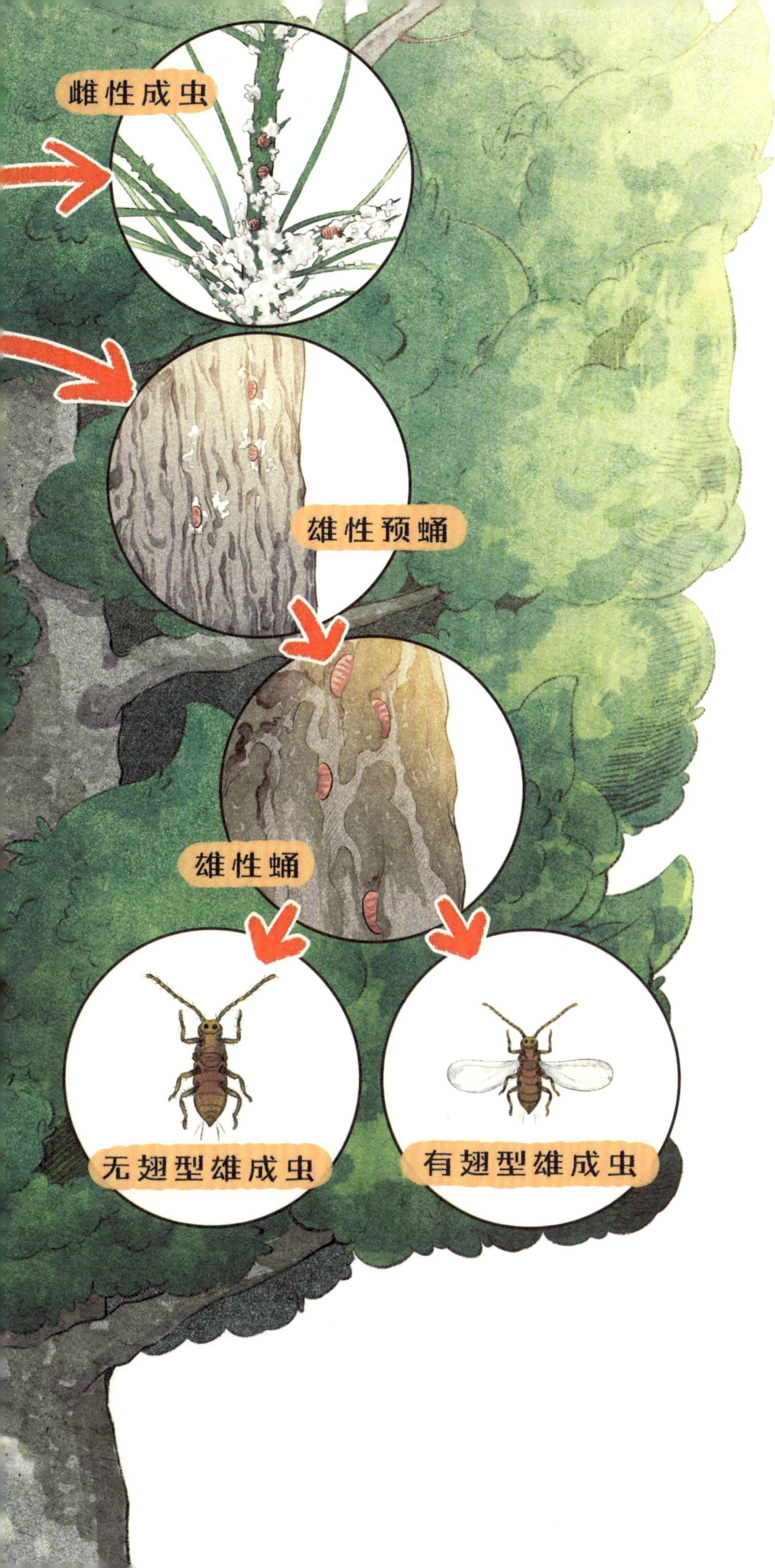
雌性成虫
雄性预蛹
雄性蛹
无翅型雄成虫
有翅型雄成虫

北美洲

原产地——美国南部

得克萨斯州
这个小小粉粉的家伙竟然也是入侵生物?
是啊,正因为它个头不大,才会趁人不备,偷偷溜进我们国家。

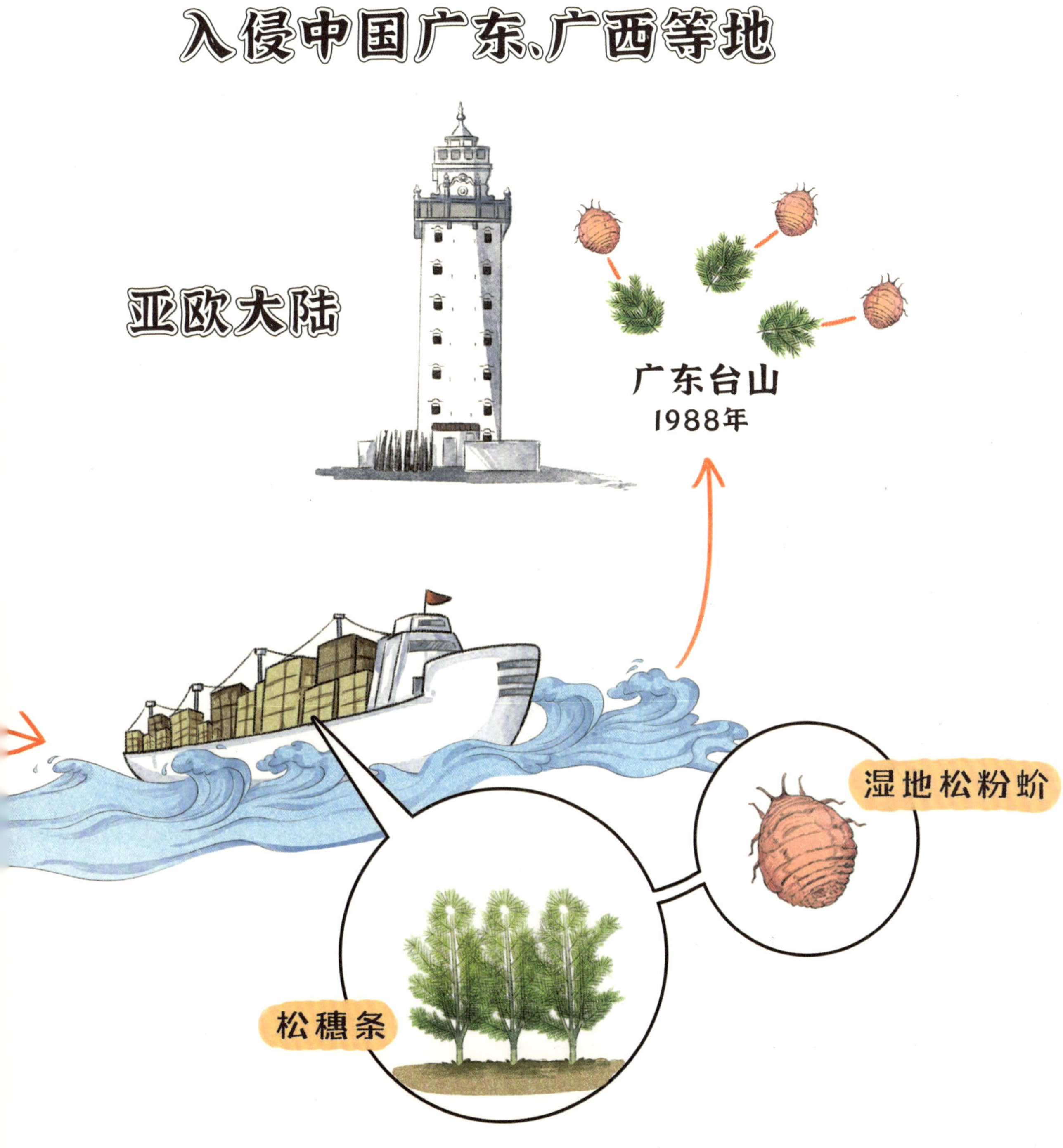
入侵中国广东、广西等地
亚欧大陆
广东台山
1988年
湿地松粉蚧
松穗条

那它对松树的危害大吗？
当然，你可不要小看它！
英姿飒爽
打饱嗝
喝下午茶
汁液

湿地松粉蚧的若虫和雌成虫长着吸管嘴，会吸食松树汁液使松树营养不良。

此外，它还会产生甜甜的蜜露，饲养一些真菌。这些真菌帮手不仅会形成煤污状斑块影响松树美观，更会降低松树的光合能力。

新梢短小
变黄脱落
松条变曲变短
无法进行光合作用使松树缺氧、营养不良
二龄若虫分泌蜜露
真菌以蜜露为食使松树产生黑斑病
松针大量脱落

人工机械防治
在湿地松粉蚧扩散成灾前，可以清理掉被感染的松树枝条，阻止其进一步借风扩散。
被侵染的松针萎缩脱落
被侵染的松针弯曲变形
不要担心！防治湿地松粉蚧的方法还是很多的。
太可怕了，那该怎样消灭它呢？它个头这么小，也没法抓。
掉落的松针

被侵染的松针变黄变黑

化学防治

如果湿地松粉蚧已扩散成灾，则可以使用化学农药，如速扑杀、万灵和氧化乐果等。

多种寄生蜂

那我们能不能请一些湿地松粉蚧的天敌来帮忙？
当然可以啊，而且我们能请的生物还不少呢。研究发现，湿地松粉蚧的寄生性天敌主要有5种，捕食性天敌有31种，病原微生物有2种，但被广泛应用的并不多。
一次施药 全程防控
IMIDACLOPRID
多种病原微生物
掐人中……
完了完了……
还是快跑吧！

博士，要防治湿地松粉蚧，我们普通人能做些什么呢？
我们能做的就是不要随意地将松树、松枝等带到其他地方。

禁止带走！

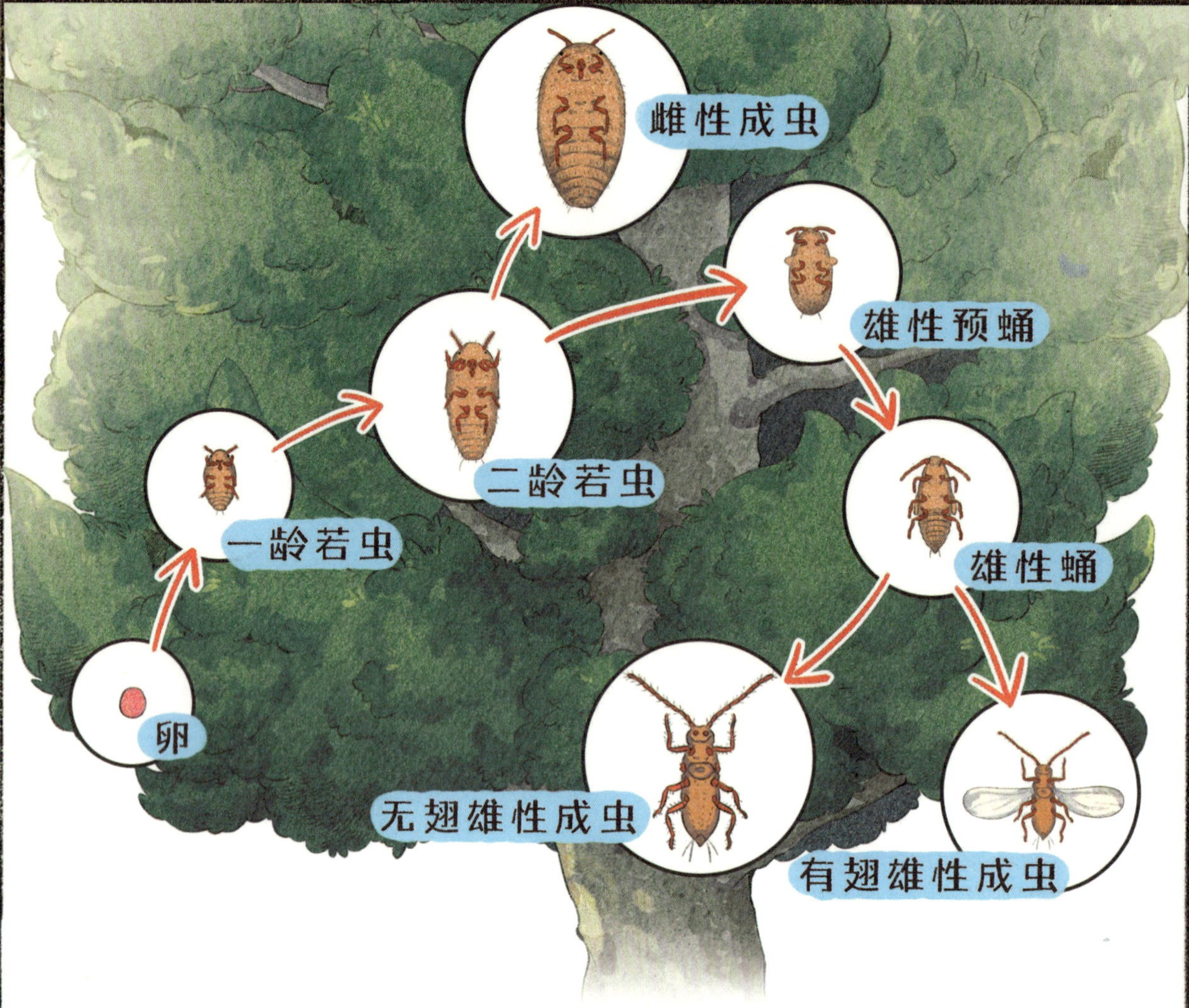
雌性成虫
雄性预蛹
二龄若虫
一龄若虫
雄性蛹
卵
无翅雄性成虫
有翅雄性成虫

湿地松粉蚧——借力使力不费力。

弱不禁风的“草寇”

紫茎泽兰

博士，树林里可真舒服，大树帮我们挡住了烈日，一点都不晒。您看旁边这紫茎小白花多精致可爱！
紫茎白花？我看看。啊！这可不是什么可爱的植物，它是一种非常危险的入侵生物——紫茎泽兰！

紫茎泽兰？它也是兰花么？
它的名字里虽然有“兰”字，但却属于菊科，跟你熟悉的菊花、向日葵是远亲。
向日葵
菊花
紫茎泽兰

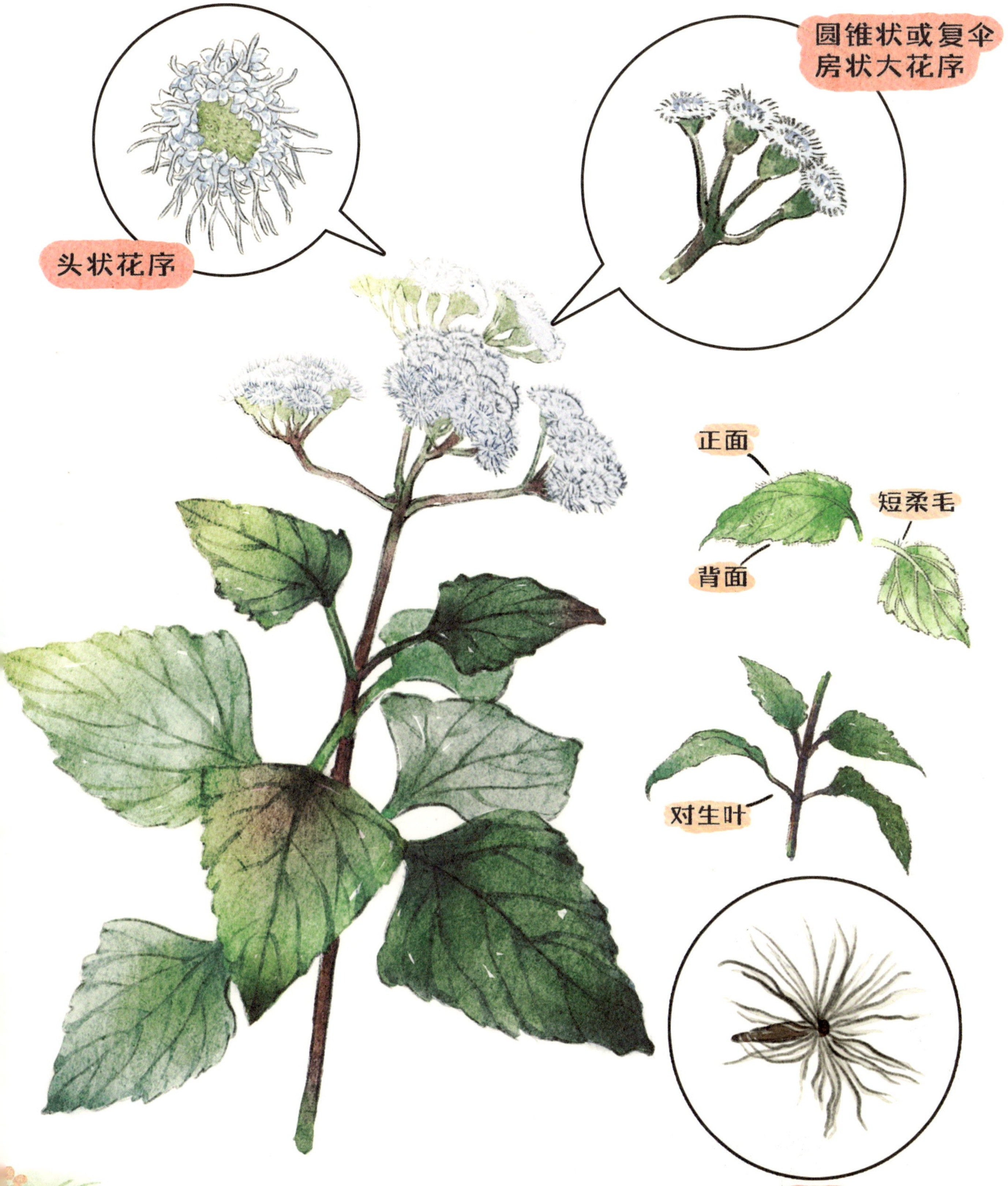

头状花序
圆锥状或复伞房状大花序
正面
短柔毛
背面
对生叶
种子

紫茎泽兰原产于中南美洲，因为长相娇美，所以起初被当作观赏植物引种到美国、英国和澳大利亚等国，后经由飞机、轮船扩散到更多的地方。

美国
中南美洲
南美洲
非洲
它该不会也是因为长得好看被带到世界各地的吧？
猜对啦，看来你是越来越专业了。

20世纪40年代，紫茎泽兰从印度、缅甸等国传入我国云南地区。

英国
中国
重庆
湖北
四川
贵州
西藏
广西
亚欧大陆
越南
云南
台湾
印度
缅甸
澳大利亚
大洋洲

紫茎泽兰生长迅速，适应性强。在森林或农田扎根后会与其他植物争夺水、空间和阳光，特别是在抢夺土壤中的氮、磷、钾等营养物质方面，紫茎泽兰堪称高手，使得其他植物、微生物被“饿”死。

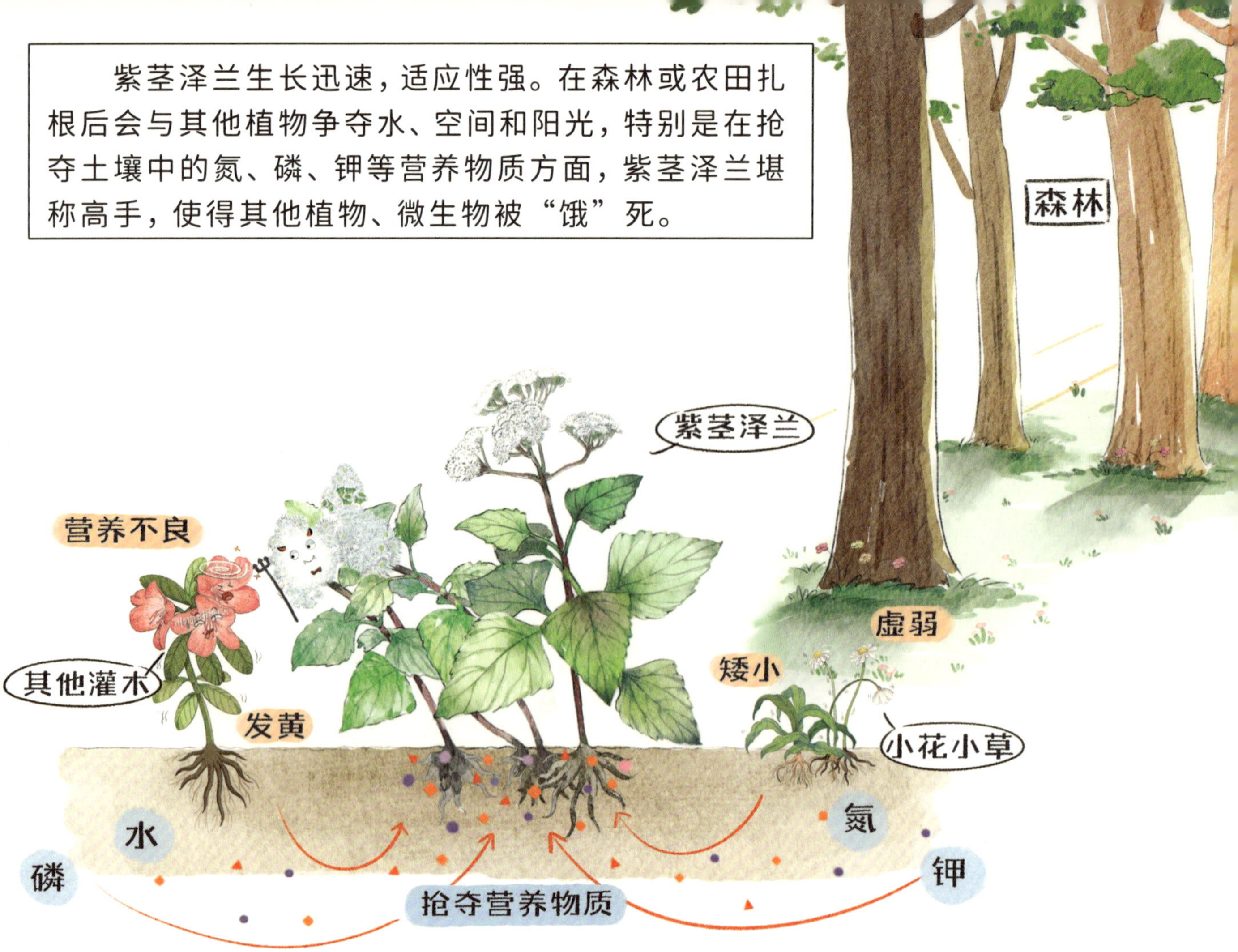
森林
紫茎泽兰
营养不良
其他灌木
发黄
虚弱
矮小
小花小草
水
磷
氮
钾
抢夺营养物质

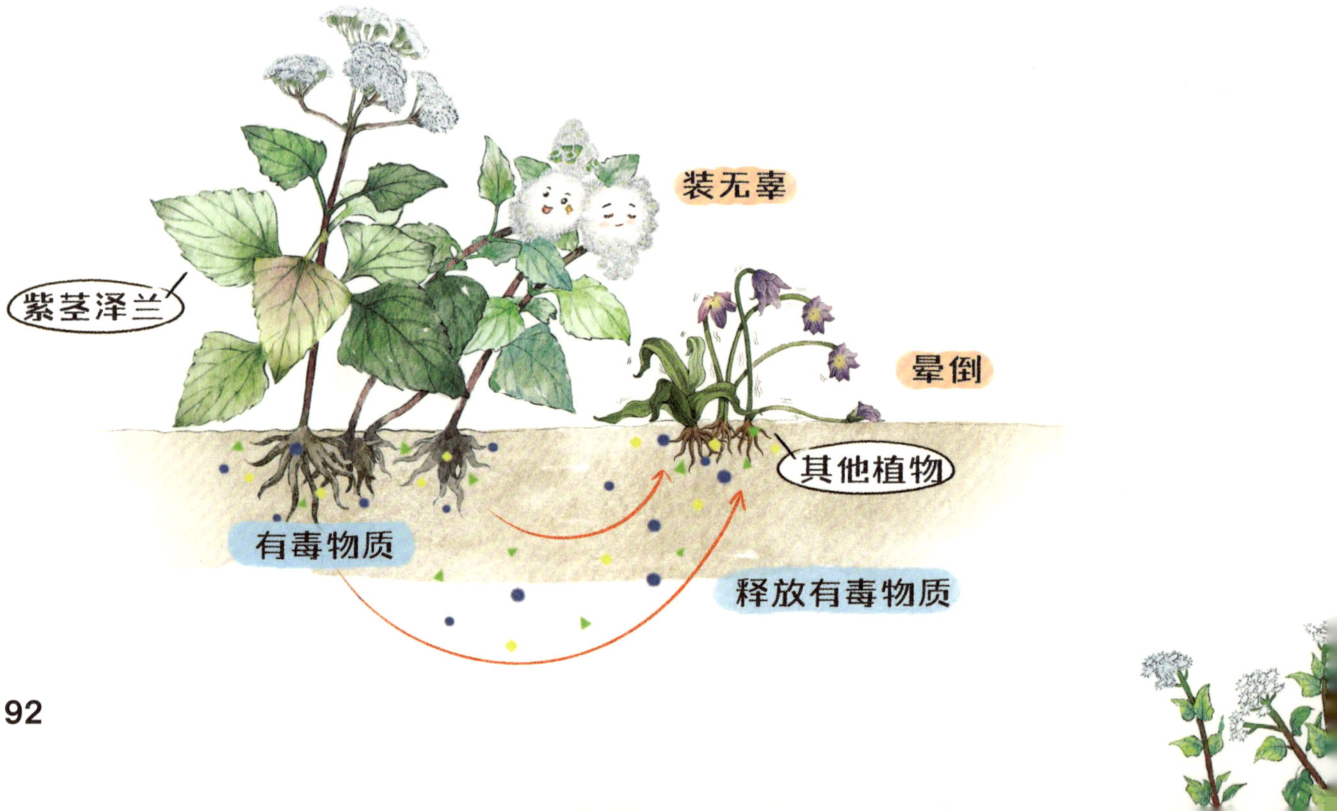
装无辜
紫茎泽兰
晕倒
其他植物
有毒物质
释放有毒物质

可是，这小花看上去弱不禁风的，怎么会被划归入侵物种的行列了？
你可不要被它的外表欺骗了，它的“本事”可大着呢！

紫茎泽兰植株含有有毒物质，如果牛、马等不小心吃了它的茎叶，轻则腹泻掉毛，严重的会死亡。

它的花粉有毒，会引起哮喘，还会使部分人产生过敏反应，危害个人健康。

牛误食紫茎泽兰
咳嗽
拉肚子
死亡

生物防治

泽兰实蝇是一种专门以紫茎泽兰为食的昆虫。它会把卵产在紫茎泽兰茎的中部和上部，幼虫孵化出来后就会以紫茎泽兰新鲜的茎为食，使紫茎泽兰发育不良，最终枯萎。

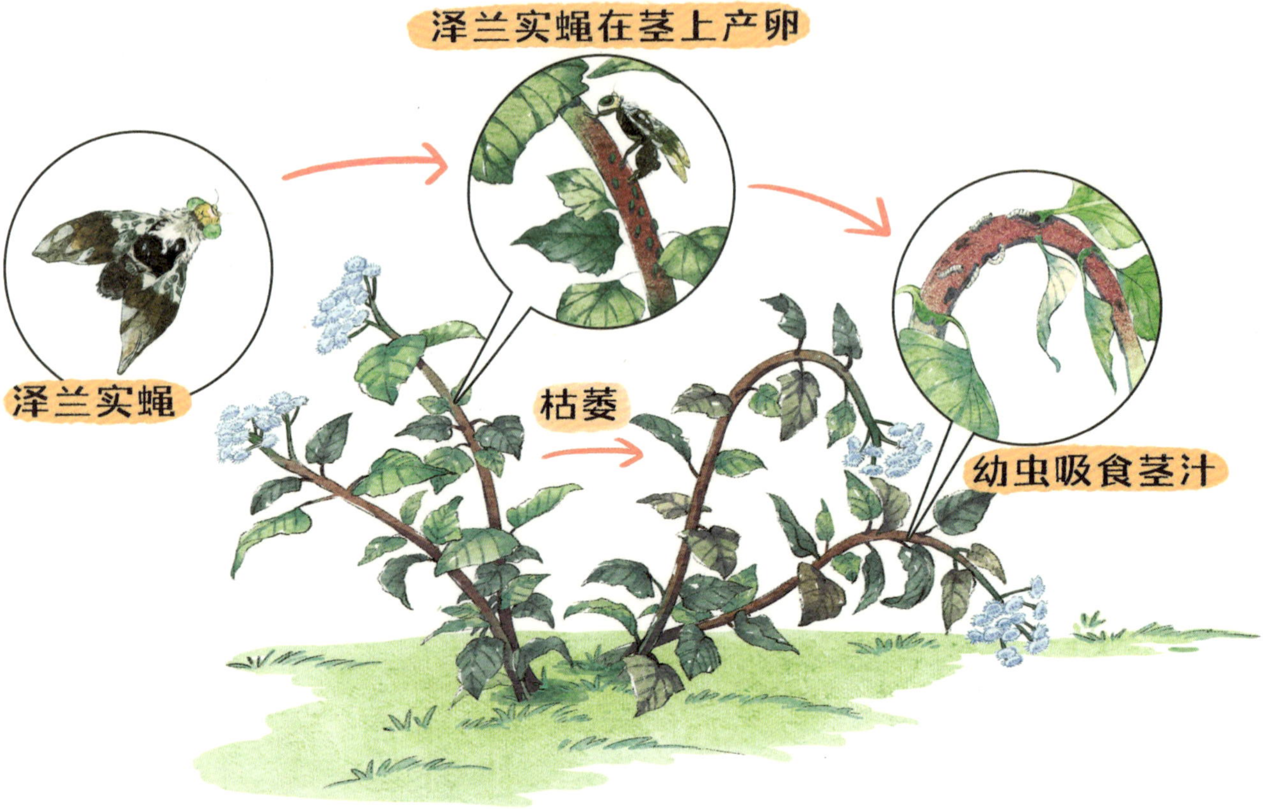

泽兰实蝇在茎上产卵
泽兰实蝇
枯萎
幼虫吸食茎汁

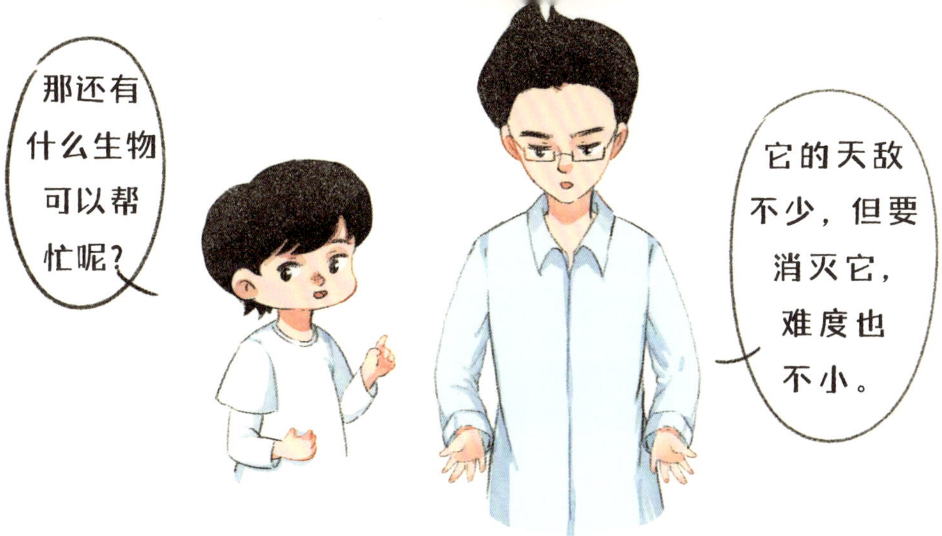
那还有什么生物可以帮忙呢？
它的天敌不少，但要消灭它，难度也不小。

三叶鬼针草、非洲狗尾草是可以与紫茎泽兰抗衡的两种植物，它们具有抗紫茎泽兰化感作用、生长速度快等特点，因此可以与紫茎泽兰竞争生存资源，进而控制紫茎泽兰扩散。

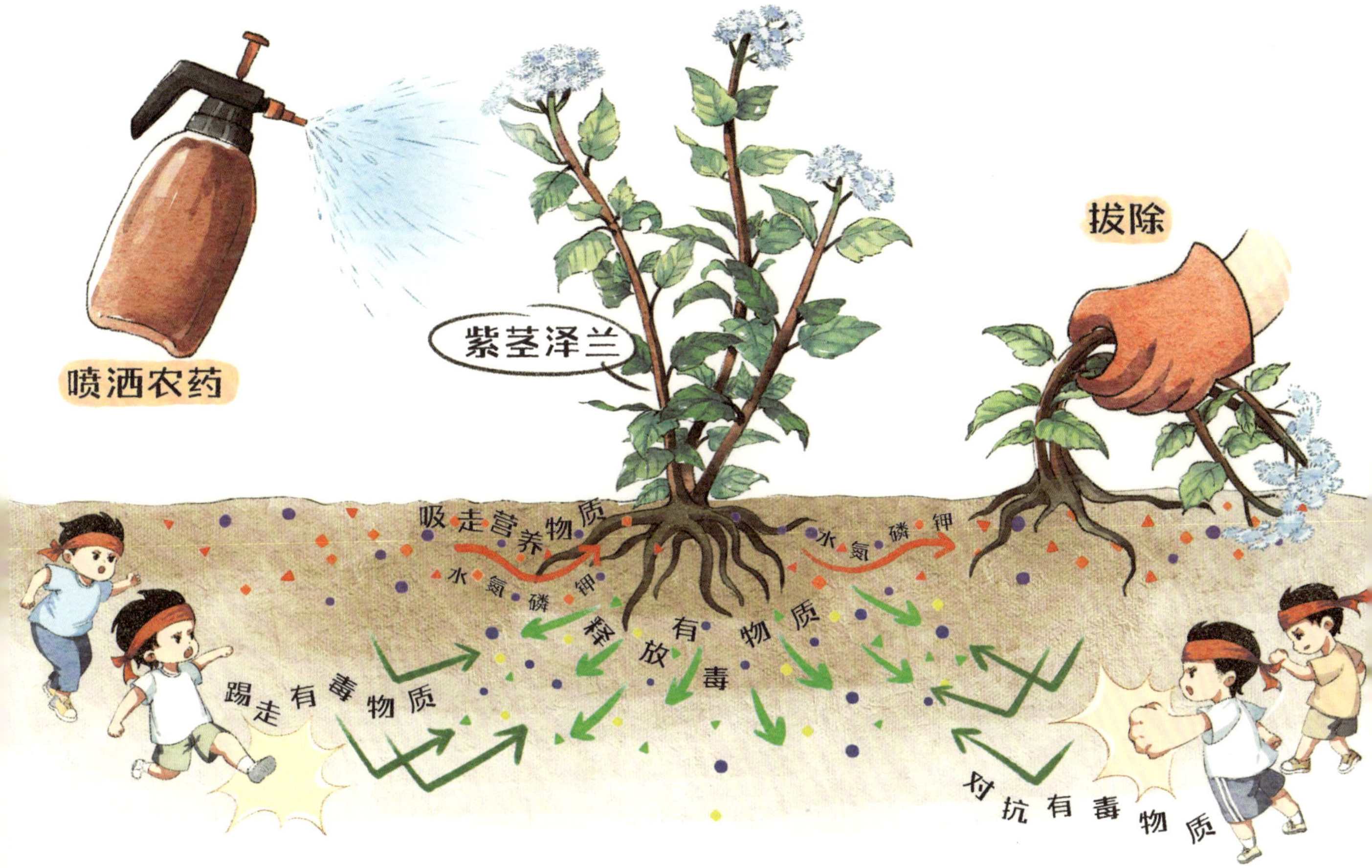
喷洒农药
紫茎泽兰
拔除
吸走营养物质
水 氮 磷 钾
水 氮 磷 钾
释放有毒物质
踢走有毒物质
对抗有毒物质

知识窗

根据植物群落演替的自身规律，以有经济或生态价值的本地植物取代外来入侵植物的控制方法叫作替代控制。

机械防治

如果紫茎泽兰还没有大面积爆发，那么机械除治是很好的选择。但是，因为紫茎泽兰可以利用茎进行无性繁殖，种子又小，所以很容易留下漏网之鱼，造成“春风吹又生”的局面。

冬天的树林
残留根须
冬天的树林
用铁锹将紫茎泽兰连根铲除
那该怎么消灭它呢？它毒性这么强，靠近它是不是得穿防护服？
适当防护是必须的，但一般都是利用机械和化学方法防治。

春天的树林
春天紫茎泽兰死灰复燃
花草与紫茎泽兰一同枯萎
给紫茎泽兰喷洒农药

化学防治

克芜踪、草胺膦等化学药剂都可以很好地消灭紫茎泽兰，但是这种方式容易殃及无辜，并且对环境要求较高，在有流水冲刷、下雨的情况下都不适用，而且有研究发现，紫茎泽兰已经开始对一些化学药剂产生抗药性了。

研究发现，紫茎泽兰的代谢产物具有很强的杀菌、驱虫作用，因此一些科学家会提取它的代谢产物制造新型农药。

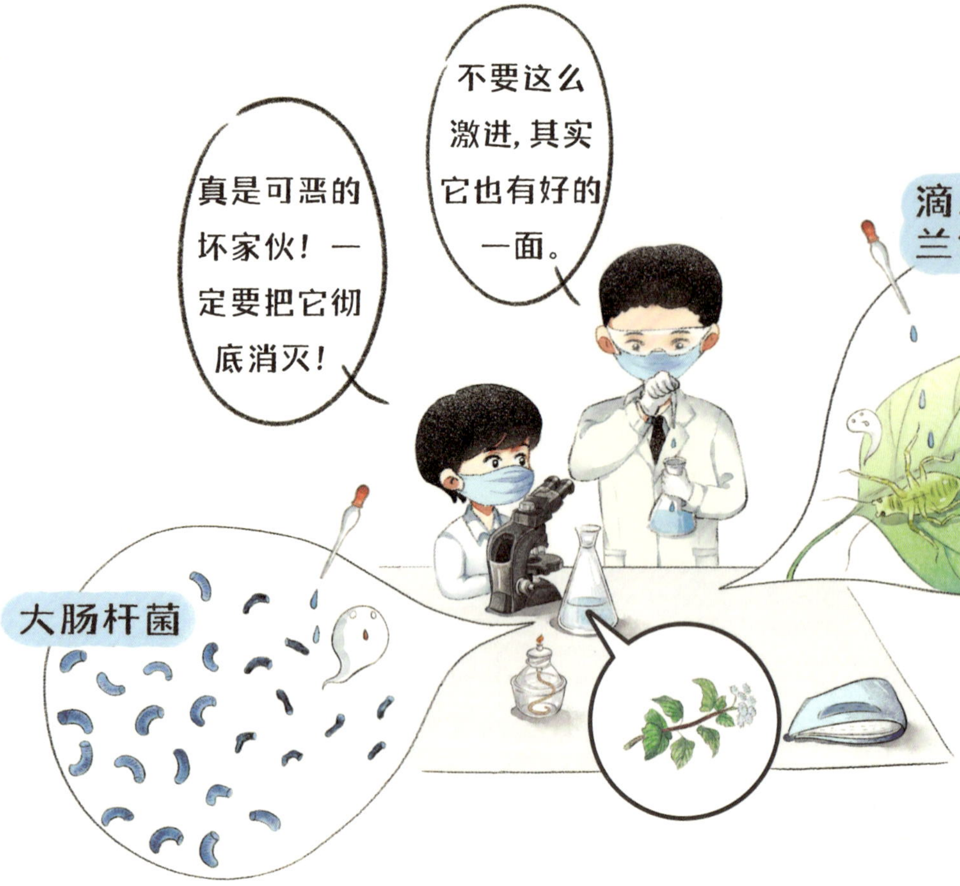
真是可恶的坏家伙！一定要把它彻底消灭！
不要这么激进，其实它也有好的一面。
滴入紫茎泽兰代谢产物
小麦蚜虫跑了
大肠杆菌

稻田地

紫茎泽兰的代谢产物对大肠杆菌、金黄色葡萄球菌具有很好的灭菌效果，有望成为下一代对抗耐药菌的药物来源。

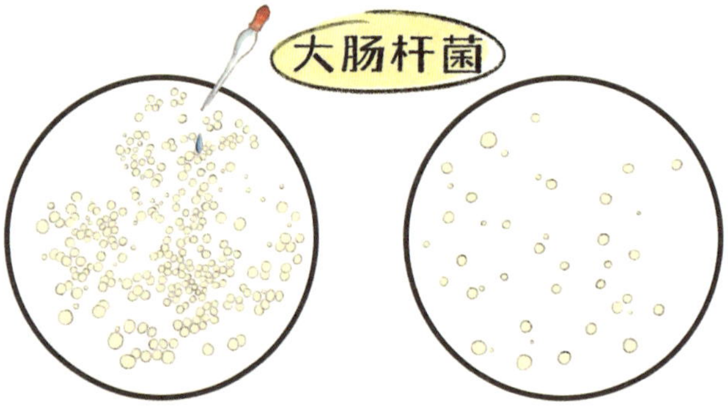
大肠杆菌

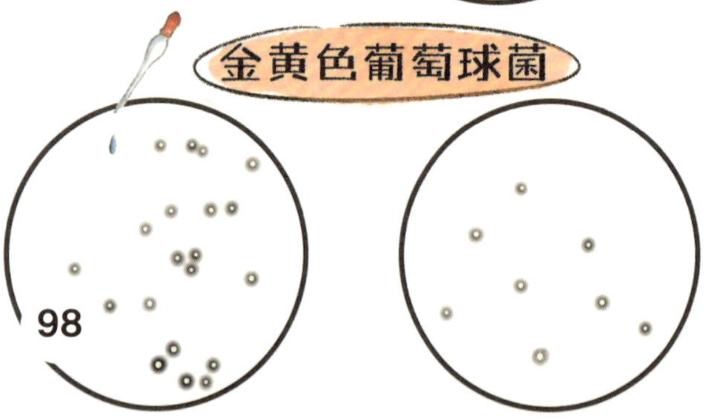
金黄色葡萄球菌

紫茎泽兰的代谢产物稀释 2000 倍时对棉蚜、麦蚜、米象、玉米象等农业害虫依旧有很好的消杀效果；将紫茎泽兰的代谢产物喷在植物上，可以有效阻止斑潜蝇取食植物，从而保护植物。

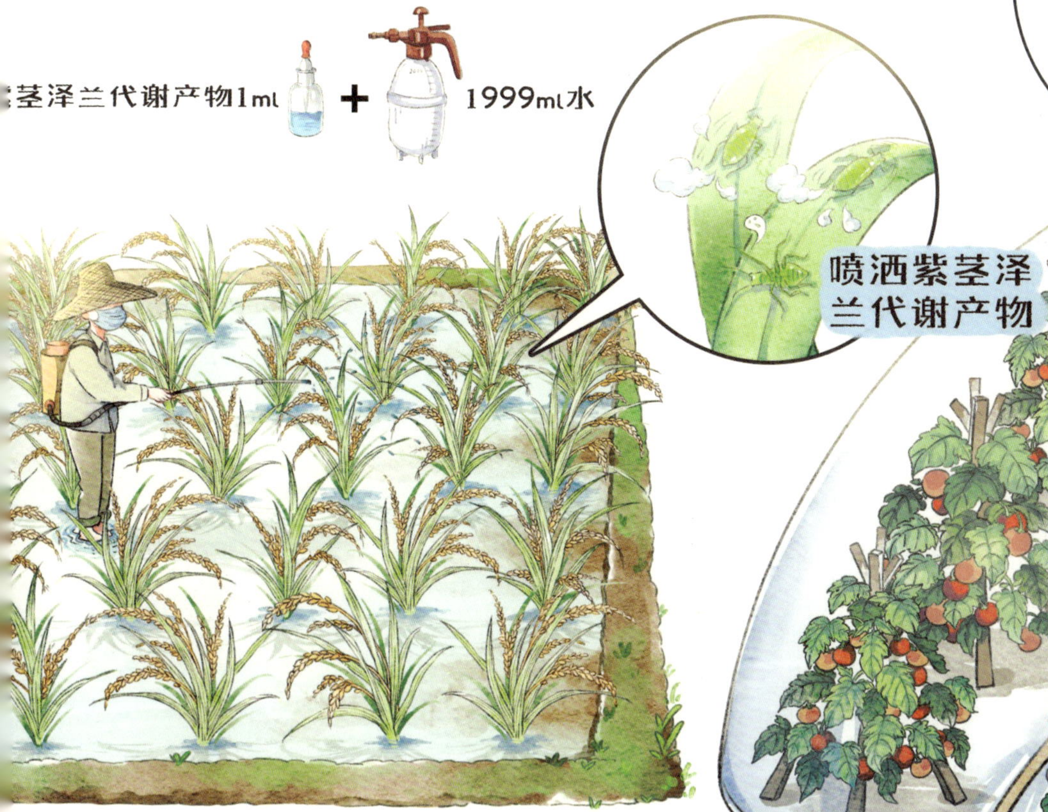

紫茎泽兰代谢产物1ml
+
1999ml水
喷洒紫茎泽兰代谢产物

斑潜蝇飞走了

紫茎泽兰的代谢产物中还有很多对杂草生长有抑制作用的成分，可以用来制作除草剂。

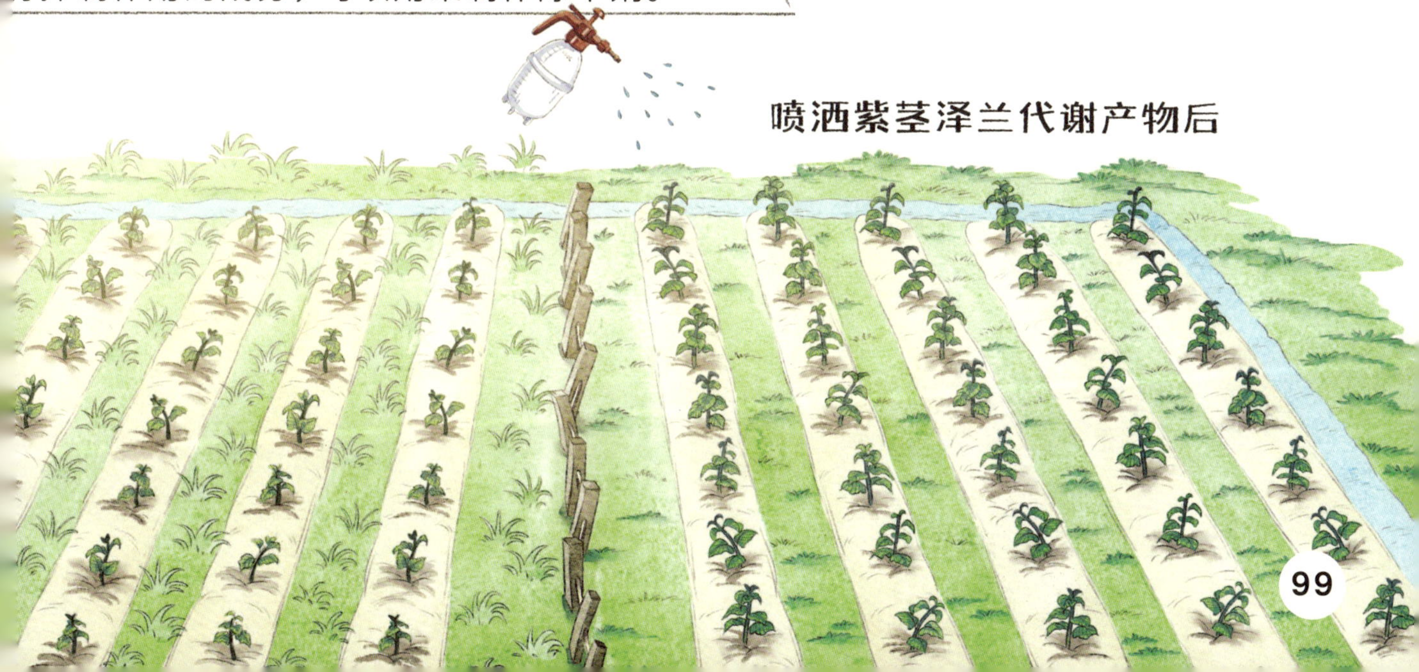

喷洒紫茎泽兰代谢产物后

紫茎泽兰是入侵物种吗
对话
网页
百度为您找到相关结果约1,160,000个
有“植物头号杀手”之称的紫
科学探索家YES
是
事实上，紫茎泽兰已成
先查阅资料再做决定
努力学习
贡献力量
森林
?
想把紫茎泽兰
引入室内种植
发现紫茎泽兰
我们普通人要如何对待它呢？
这就要提高我们的责任意识和监督本领了！

在野外和生活圈发现紫茎泽兰，我们要做到早发现、早报告，并请专业人员来处理。

城市公园
林业局
发现紫茎泽兰
报告有关部门
宣传危害
提高意识
开发生物价值

我们还可以努力学习科学知识，为进一步开发紫茎泽兰的应用潜力贡献力量。

紫茎泽兰——无处不在的植物“杀手”！

图书在版编目（C I P）数据

林中的不速之客 / 赵莉蔺，李天达编著. -- 杭州 ： 浙江教育出版社，2024.11

ISBN 978-7-5722-7175-5

Ⅰ. ①林… Ⅱ. ①赵… ②李… Ⅲ. ①林业－外来种－侵入种－研究－中国 Ⅳ. ①F326.2②Q16

中国国家版本馆 CIP 数据核字(2024)第 019273 号

林中的不速之客

LIN ZHONG DE BUSUZHIKE

赵莉蔺　李天达　编著

责任编辑：高露露

责任校对：王晨儿

责任印务：曹雨辰

美术编辑：刘亦璇　韩　波

出版发行：浙江教育出版社

（杭州市环城北路 177 号　电话：0571-88909724）

图文制作：树影动漫工作室　常颖

印刷装订：杭州佳园彩色印刷有限公司

开　　本：889mm × 1194mm　1/16

印　　张：7.25

字　　数：72 500

版　　次：2024 年 11 月第 1 版

印　　次：2024 年 11 月第 1 次印刷

标准书号：ISBN 978-7-5722-7175-5

定　　价：58.00 元
